Astrid Schneider

Das große Einhorn Mal-und Rätselbuch

ZUR EINSCHULUNG

für Mädchen  und Jungen

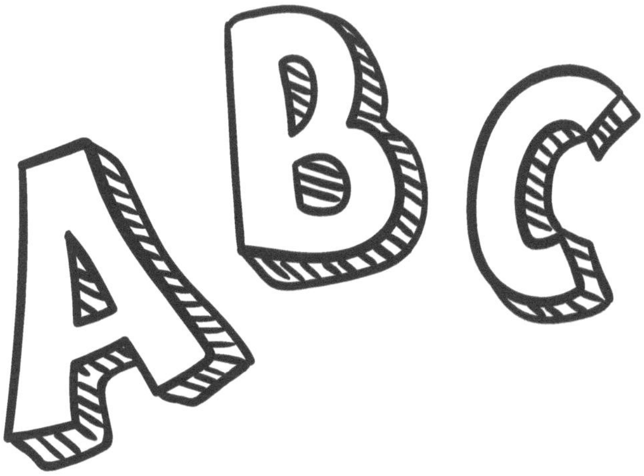

Hol die Buntstifte raus und erwecke die zauberhaften Bilder zum Leben.

75 tolle Ausmalbilder
16 spannende Wegrätsel

Die unterschiedlichen Einhörner begleiten dich auf deinem neuen Abenteuer SCHULE!

Über die Autorin

Astrid Schneider ist Amazon-Bestseller-Autorin, Fachberaterin für hochsensible Kinder und Expertin für Selbstliebe und Beziehungen. Mit ihren Impulsen und Strategien unterstützt sie Kinder und Erwachsene in Krisen sowie stürmischen Situationen und begleitet sie auf dem Weg zu einem erfüllten Leben. Ihr Steckenpferd ist das Schreiben von Kinderbüchern, in denen es um Gefühle, Achtsamkeit, Freundschaft, Zusammenhalt und Mut geht.

Mit ihrer „Traumreise für hochsensible Kinder" schaffte sie es 2021 und 2022 monatelang auf die Amazon-Bestsellerliste und begeisterte mit diesem wertvollen Buch einige tausend Kinder und Eltern.

"Jedes Kind hat das Recht, so akzeptiert und geliebt zu werden, wie es ist."

Mit ihren Elternratgebern vermittelt sie Wissen und Erfahrung und ist eine liebevolle Begleiterin für Eltern auf ihrer Lebensreise mit ihren Kindern. Für Verlage und Privatpersonen schreibt sie Biografien und Bücher zum Thema Persönlichkeitsentwicklung, und liebt es, stärkende Mitmachbücher zu kreieren.
Mittlerweile hat sie über 55 Bücher veröffentlicht und berührt die Menschen mit der Magie ihrer Worte.

Mit ihren Kindercamps und Retreats in Niederösterreich/Gutenstein biete sie (hoch-) sensiblen und feinfühligen Seelen auf einem Kraftplatz etwas Besonderes.

www.astridschneider.com

Liebe Eltern,

ein Malbuch voller Einhörner bedeutet nicht nur Malspaß und Freude, sondern ist ebenso eine unterhaltsame und kreative Möglichkeit für Kinder, um ihre feinmotorischen Fähigkeiten zu verbessern.

- Das Buch enthält viele unterschiedliche Einhornmotive – perfekt für die echten Einhorn-Fans.
- Auf den hinteren Seiten befinden sich die tollen Rätsel: Wege finden und Striche verbinden, aber auch Gegenstände zählen, um an das Ziel zu gelangen.

Geben Sie Ihrem Kind hierbei etwas Unterstützung und helfen ihm ein schönes **einhorntastisches** Abenteuer zu erleben.

Vorteile dieses Malbuch:

- Verbesserung der Feinmotorik
- Rechner und Zahlen lernen bis 15
- Erweiterung der Kreativität
- Förderung der Konzentration und Geduld
- Beschäftigung für Zuhause oder Unterwegs

Zusammenfassend bietet dieses Buch eine ideale Kombination aus kreativer Entfaltung, Lernaktivitäten und Unterhaltung. Ihr Kind wird es lieben und gleichzeitig wichtige Fähigkeiten entwickeln..

Brief von der Autorin

Hallo liebes Kind,
weißt du eigentlich, wie wundervoll und einzigartig du bist?

Du hältst dieses Buch in deinen Händen und gleich beginnt deine bunte Abenteuerreise.

In diesem Buch warten wunderschöne Ausmalbilder von süßen Einhörnern auf dich, die von dir zum Leben erweckt werden möchten. Es gibt keine Grenzen für deine Fantasie, ob du ihnen wunderschöne Mähnen in allen Regenbogenfarben schenkst oder ihre Flügel mit glitzernden Farben schmückst.
Auch spannende Rätsel warten am Ende des Buches auf dich.

Du kannst dich entspannen und die Freude am Malen entdecken, während du mit deinen Buntstiften über die Seiten gleitest.

All die Einhörner werden dich auf deinem Weg zur Einschulung begleiten und freuen sich mit dir auf das Abenteuer SCHULE.

Bleib mutig, kreativ und lass die Einhörner in allen wundervollen Farben leuchten!
Auf die Stifte, fertig, los!

Ich wünsche dir viel Freude mit dem Mal- und Rätselbuch,
deine Astrid.

SCHULE: das ist ein echtes Abenteuer, was dich erwartet. Vielleicht bist du ein bisschen nervös, weil du nicht genau weißt, was dich erwartet. Doch damit bist du nicht alleine! Den Einhörnern geht es genauso. Auch sie freuen sich auf die Schulzeit und sind ganz gespannt, was da alles kommen wird.

Mit all den Einhörnern kannst du mutig sein und jede Herausforderung meistern. Du wirst spannende Dinge lernen und deine eigenen Talente entdecken und auch sicher neue Freunde finden.

Vertraue immer darauf, dass du alles schaffen kannst, denn du bist stark und ein wundervolles Kind

Dieses Einhorn-Malbuch gehört:

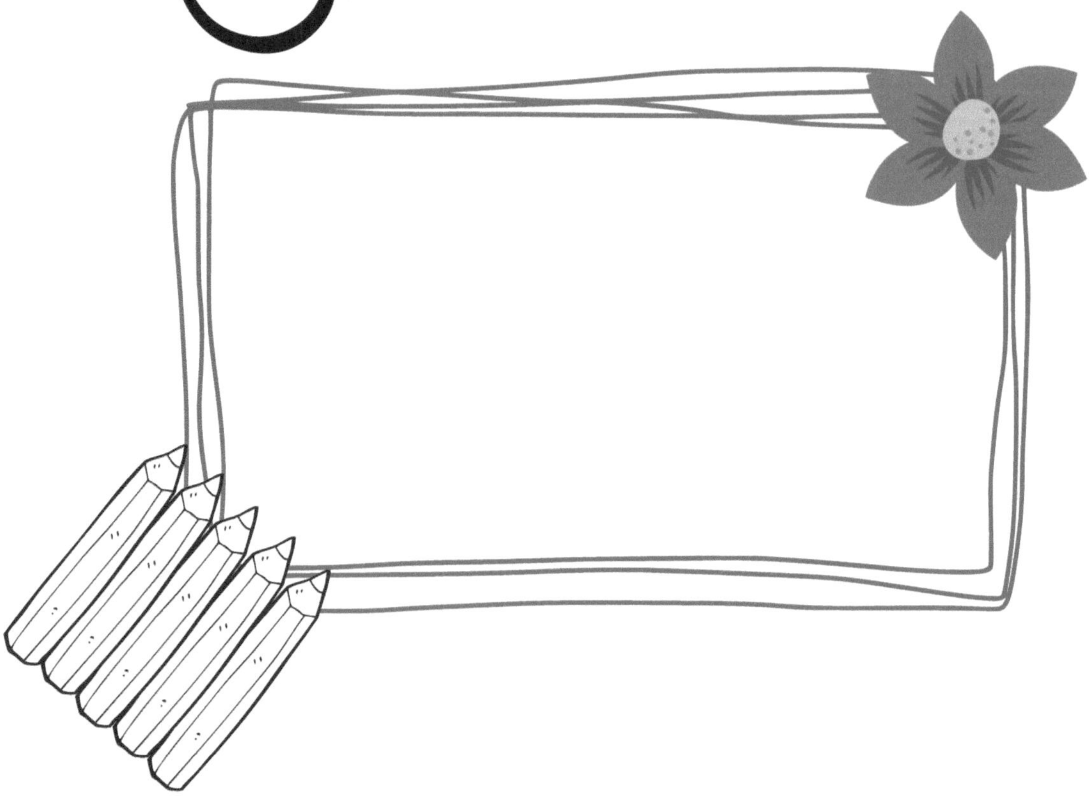

7
6
5
4
3
2
1

ABC
123

Schulkind

Abenteuer

Schule

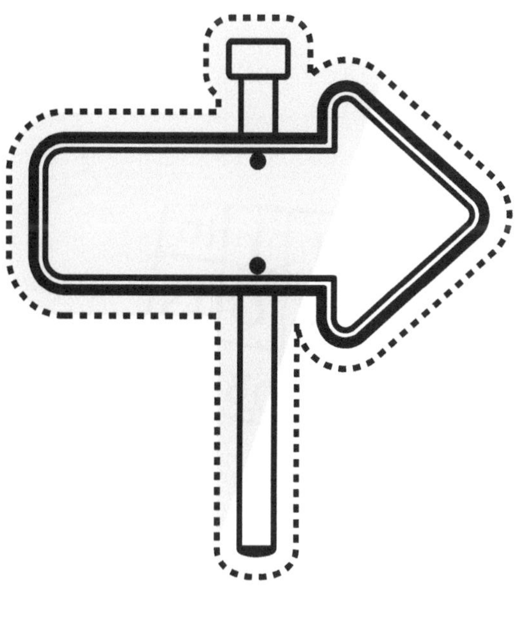

Schule

A B C

A
C
B

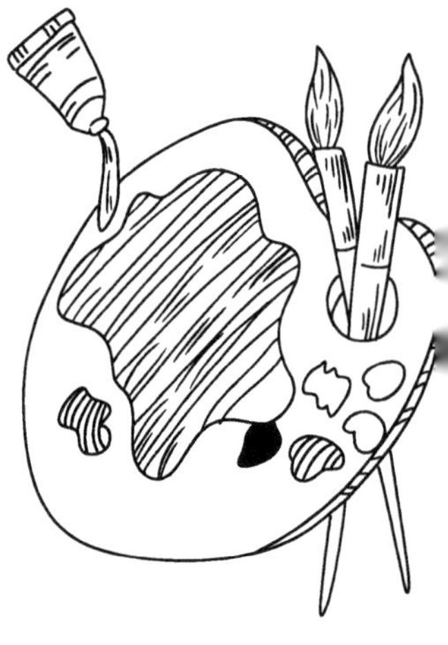

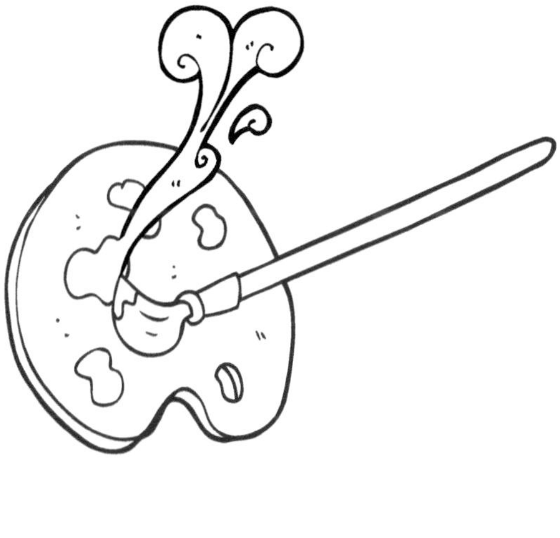

Wegrätsel
und
Rechnen

Hilf dem Einhorn den richtigen Weg zu den Äpfeln zu finden!

Hilf dem Einhorn den richtigen Weg zum Dino zu finden!

Hilf dem Einhorn den richtigen Weg zu der Prinzessin zu finden!

Finde den richtigen Weg!

Finde den richtigen Weg!

Finde den richtigen Weg!

Hilf dem Mädchen den richtigen Weg zum Rucksack zu finden!

Finde den richtigen Weg!

Finde den richtigen Weg zu der Farbpalette!

Finde den richtigen Weg!

Hilf dem Einhorn den Weg zur Schatztruhe zu finden!

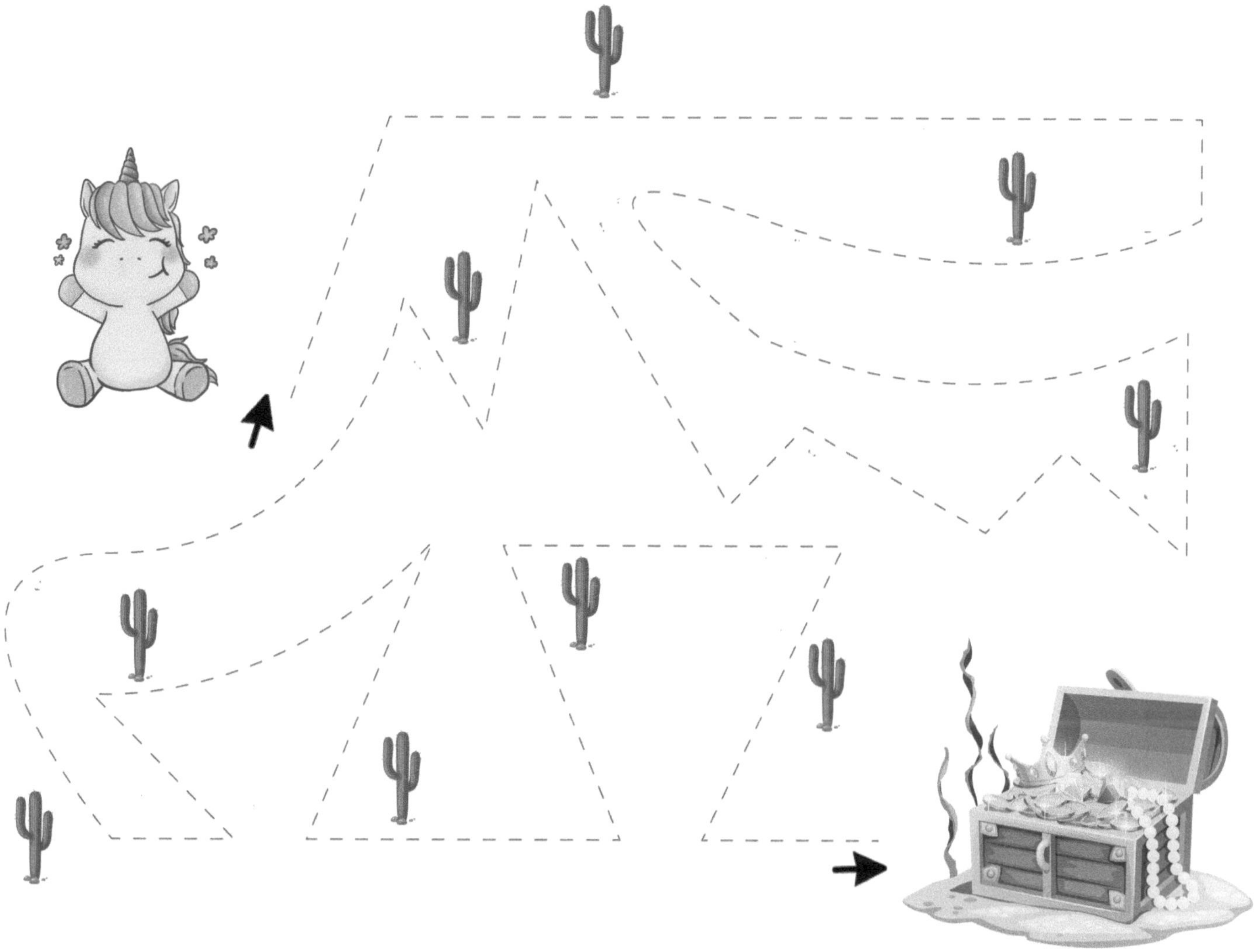

Hast du mitgezählt? Wie viele Kaktusse waren auf dem Weg?

Hilf dem Reh den Weg zu seiner Freundin, dem Einhorn zu finden!

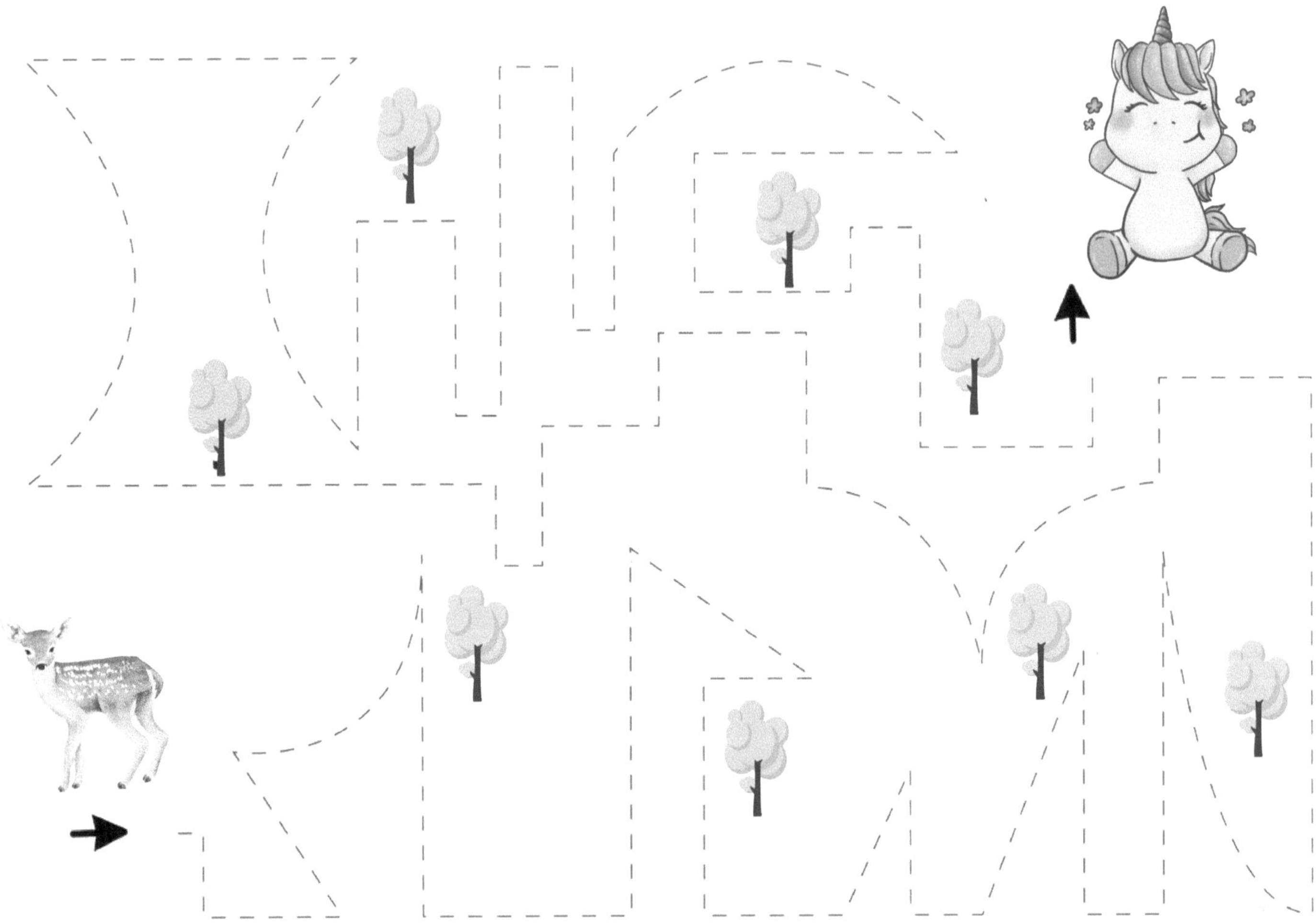

Wie viele Bäume konntest du entdecken?

Hilf dem Einhorn
die Blumen einzusammeln
und dann den Weg in den Wald zu finden!

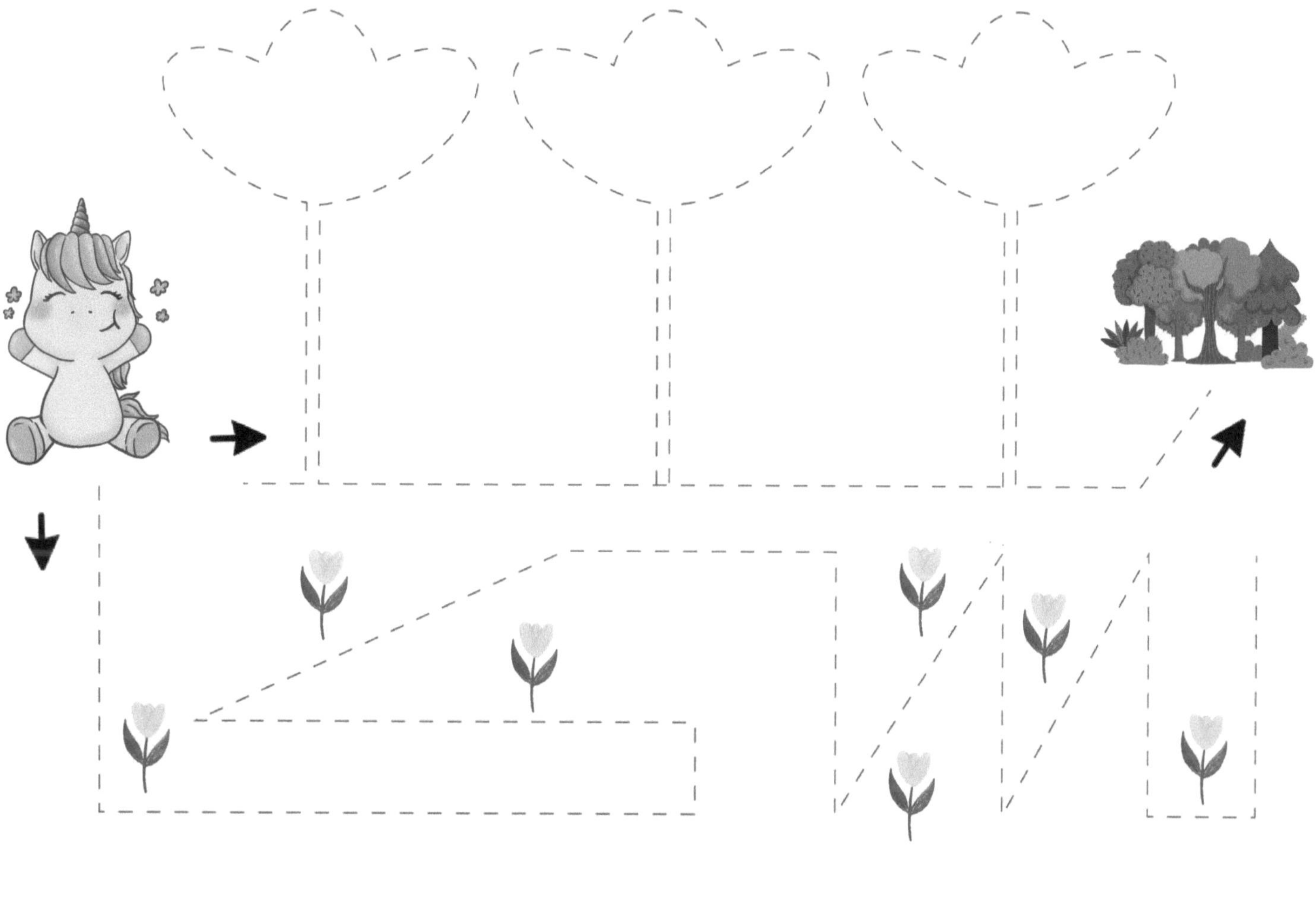

Wie viele Blumen
hat das Einhorn gefunden?

Hilf dem Einhorn den Weg zum Affen zu finden!

Wie viele Bananen hast du entdeckt?

Hilf Leo, den Weg zum Einhorn zu finden!

Wie viele Herzen kann Leo unterwegs einsammeln?

Hilf dem Einhorn
den Weg zu seinen Freunden zu finden!

Wie viele Äpfel
warten auf dem Weg?

Hilf dem Einhorn den Weg zum Schiff zu finden und sammle alle Fische ein!

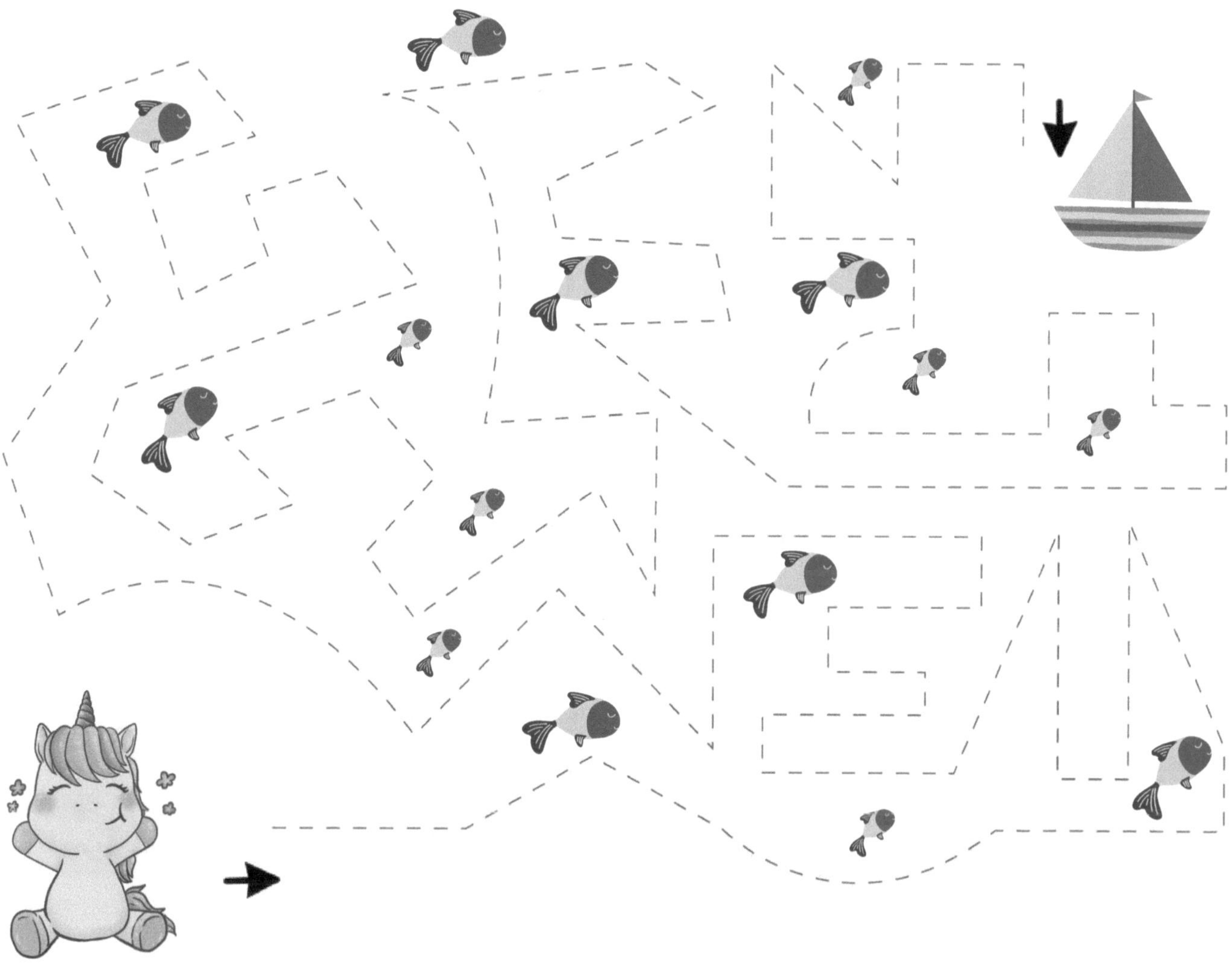

Wie viele Fische hat das Einhorn gefunden?

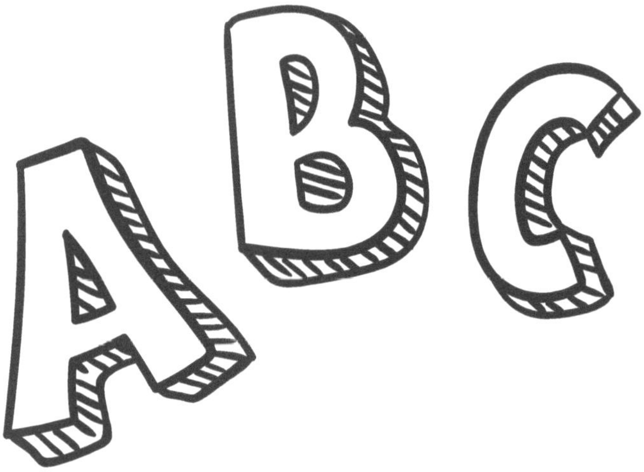

Das war´s leider schon!
Ich hoffe du hattest Spaß mit all den Ausmalbildern, den Einhörnern und den Rätsel.
Wenn dir mein Buch gefallen hat, dann erzähle das auch anderen Kindern oder bitte deine Eltern eine Rezension zu schreiben. Du würdest mir einen großen Gefallen damit tun.

Kennst du schon meine anderen Bücher?

Astrid Schneider

Meine Herzensmission:

Ich nehme Klein und Groß mit meinen Büchern auf eine magische Reise mit, möchte ihre Wegbegleiterin sein, um ihr wahres Potenzial zu erkennen.

Bücher für Kinder (von 3-10 Jahre)

Bücher für Erwachsene

Einfach QR Code scannen und meine Bücher entdecken.

Impressum:
Deutschsprachige Erstausgabe 04/2024
ISBN:978-3-384-20314-4

Vertreten durch Astrid Schneider, Längapiesting 39, 2770 Gutenstein
www.astridschneider.com

Cover und farbige Illustrationen: Canva, depositphotos